30 Días con Dios Volumen 4

30 Días con Dios Volumen 4

Lecturas diarias que te fortalecerán y te acercarán al Padre

Andrés Reina

© 2019 EDITORIAL IMAGEN - EDITORIALIMAGEN.COM
CÓRDOBA, ARGENTINA

Copyright 2007-2019 by Andrés Reina
© 2007-2020 Digital Edition – Editorialimagen.com
Todos los derechos reservados.

El texto Bíblico ha sido tomado de diferentes versiones de la Biblia. Si no se especifica lo contrario, el texto utilizado es de la versión Reina-Valera © 1960 Sociedades Bíblicas en América Latina; © renovado 1988 Sociedades Bíblicas Unidas. Utilizado con permiso.

Pasajes marcados con (DHH) han sido tomados de la Biblia: Dios Habla Hoy, 3rd Edition, Dios Habla Hoy ®, Tercera edición © Sociedades Bíblicas Unidas, 1966, 1970, 1979, 1983, 1996. Utilizado con permiso.

Pasajes marcados con (TLA) han sido tomados de la Traducción En Lenguaje Actual, Copyright © Sociedades Bíblicas Unidas, 2000. Utilizado con permiso.

Pasajes marcados con (NVI) han sido tomados de La Santa Biblia, Nueva Versión Internacional® NVI® Copyright © 1999 by Biblica, Inc.™ Utilizado con permiso.

Pasajes marcados con (LBLA) son tomados de La Biblia De Las Américas, © Copyright 1986, 1995, 1997 by The Lockman Foundation. Usadas con permiso.

CATEGORÍA: Vida Cristiana/Inspiración/Devocionales

Print ISBN: 978-1-64081-067-9
Ebook ISBN: 978-1-64081-068-6

Contenido

Introducción   1

Día 1: Dios ha prometido que estará contigo   3
Día 2: La perfecta paz que vence las preocupaciones   5
Día 3: Dios quiere perdonarte, escucharte y restaurarte   9
Día 4: Jesús convierte el agua en vino aún hoy   11
Día 5: Recuerda la verdadera razón de nuestra alegría   15
Día 6: Un día más de vida: Lo que Dios tiene para decirte hoy   17
Día 7: El Cristiano Ateo: Creer en Dios, pero vivir como si Dios no existiera   19
Día 8: Cómo experimentar la Presencia de Dios   23
Día 9: Cuando parece que Dios te ha abandonado y no te escucha   27
Día 10: La compañía de Dios en nuestra soledad   29
Día 11: Dios es un refugio que te protege y te da fuerzas   31
Día 12: ¿Por qué no puedo cambiar?   33
Día 13: Consuelo eterno y esperanza en nuestros sufrimientos   37
Día 14: Las promesas de Dios para los que confían en Él   39
Día 15: Cómo obtener nuevas fuerzas   41
Día 16: Disfruta la compañía de Nuestro Dios   43

Día 17: Dios nos guía al mejor destino	45
Día 18: Promesas de Dios para fortalecer tu fe mientras esperas en Él	47
Día 19: La paz que Dios te da	49
Día 20: El gozo del Señor es tu fortaleza	51
Día 21: El amor de Dios como Padre	55
Día 22: Volviendo a lo esencial	57
Día 23: Qué hacer cuando te sientes desanimado	59
Día 24: Nuestra devoción a Dios	61
Día 25: Invitación a confiar en Dios y esperar en Él	65
Día 26: Promesa de Dios y esperanza nuestra	67
Día 27: Justo lo que necesitas	69
Día 28: Dios te sostiene con su diestra de poder	73
Día 29: Las decisiones diarias y la voluntad de Dios para nuestra vida	75
Día 30: Unidos por el dolor	79
Estimado Lector	81
Más Libros de Interés	83

Introducción

Muchas gracias por descargar este libro. Lo que leerás a continuación es un devocional que hemos preparado con algunas de las reflexiones que ya hemos enviado por correo electrónico a miles de personas alrededor del mundo desde al año 2004.

Se me ocurrió la idea de juntar algunas reflexiones y crear un pequeño libro devocional que puedas usar para aprender más de Dios y enamorarte cada día más de Jesús.

Sé muy bien que Dios te hablará a medida que vas leyendo cada día. No por lo que yo he escrito, sino porque cada devocional está lleno de la Palabra de Dios, y es Su Palabra la que tiene el poder para cambiar nuestra vida y guiar nuestros pasos.

Cada vez que me siento a escribir un devocional, le pido a Dios que traiga a mi memoria Su Palabra, pues «Cada palabra que Dios pronuncia tiene poder y tiene vida. La palabra de Dios es más cortante que una espada de dos filos, y penetra hasta lo más profundo de nuestro ser. Allí examina nuestros pensamientos y deseos, y deja en claro si son buenos o malos». Hebreos 4.12 (TLA)

Además, la biblia es como una luz que guía nuestro caminar. Toda la voluntad de Dios para nosotros está en Su Palabra, por eso decía el salmista:

«Tu palabra es una lámpara
que alumbra mi camino.
¡Tus enseñanzas son maravillosas!
¡Por eso las sigo fielmente!

Cuando un maestro las explica,

hasta la gente sencilla las entiende.
Deseo conocer tus mandamientos;
¡me muero por entenderlos!

Salmos 119:105,129-131 (TLA)

Es mi deseo que este libro pueda ayudarte a conocer más a Dios

Andrés Reina
Agosto 2019
DevocionTotal.com

Día 1: Dios ha prometido que estará contigo

Hoy Dios te dice:

"He aquí, yo estoy contigo, y te guardaré por dondequiera que fueres, y volveré a traerte a esta tierra; porque no te dejaré hasta que haya hecho lo que te he dicho." Génesis 28.15 (RVR60)

Y te recuerdo lo que dijo Jesús: "Y he aquí yo estoy con vosotros todos los días, hasta el fin del mundo. Amén." Mateo 28.20 (RVR60)

Tienes que saber que mientras este mundo siga dando vueltas, Dios estará contigo. Él no se toma vacaciones ni deja desamparados a Sus hijos. Él te ha dicho que estará contigo, y lo cumplirá, porque "Dios no es como nosotros los mortales: no miente ni cambia de opinión. Cuando él dice una cosa, la realiza. Cuando hace una promesa, la cumple." Números 23.19 (Dios Habla Hoy)

¿Te ataca la duda, el temor, el nerviosismo, la incredulidad? ¿Estás batallando con la soledad, la desesperación y el no saber qué hacer? Tengo buenas noticias para ti: No estás solo ni estás sola, Dios está contigo.

Él te acompaña como lo hizo con Moisés, a quien Dios le dijo: "Ve, porque yo estaré contigo." Éxodo 3.12 (RVR60)

Dios te dice como le dijo a Josué: "Nadie te podrá hacer frente en todos los días de tu vida; como estuve con Moisés, estaré contigo; no te dejaré, ni te desampararé." Josué 1.5 (RVR60)

¿Te acuerdas lo que le dijo a Gedeón?: "Ciertamente yo estaré contigo, y derrotarás a los madianitas como a un solo hombre." Jueces 6.16 (RVR60)

Así que no estás peleando esta batalla solamente tú, pues con Dios somos mayoría. Acostúmbrate a incluir a Dios en tu vida, pues Él va contigo. Si Dios lo hizo con estos hombres de Dios, ¿acaso no podrá hacerlo contigo?

Hoy Dios te dice: "Mi presencia irá contigo, y te daré descanso." Éxodo 33.14 (RVR60)

"El Señor mismo irá delante de ti, y estará contigo; no te abandonará ni te desamparará; por lo tanto, no tengas miedo ni te acobardes." Deuteronomio 31.8 (DHH)

"Yo te guiaré continuamente,
te daré comida abundante en el desierto,
daré fuerza a tu cuerpo
y serás como un jardín bien regado,
como un manantial al que no le falta el agua." Isaías 58.11 (DHH)

Así que, sabiendo que Dios está contigo, hoy podemos decir como el salmista:

"Dios es nuestro refugio y nuestra fuerza;
nuestra ayuda en momentos de angustia.

Por eso no tendremos miedo,
aunque se deshaga la tierra,
aunque se hundan los montes en el fondo del mar,
aunque ruja el mar y se agiten sus olas,
aunque tiemblen los montes a causa de su furia.

¡El Señor todopoderoso está con nosotros!
¡El Dios de Jacob es nuestro refugio!" Salmos 46.1-3,7 (DHH)

Día 2: La perfecta paz que vence las preocupaciones

En estos días de turbulencia financiera y falta de trabajo, es muy fácil preocuparse. Pero Jesús, nuestro amigo fiel, nos conoce mejor que nadie. Él conoce nuestra tendencia a impacientarnos por aquello que no podemos controlar. Por eso Él dijo (y te lo recuerdo en este día):

"No vivan preocupados pensando qué van a comer, qué van a beber o qué ropa se van a poner. ¿Acaso la vida consiste sólo en comer? ¿Acaso el cuerpo sólo sirve para que lo vistan?

Miren los pajaritos que vuelan por el aire. Ellos no siembran ni cosechan, ni guardan semillas en graneros. Sin embargo, Dios, el Padre que está en el cielo, les da todo lo que necesitan. ¿Acaso no son ustedes más importantes que ellos? ¿Creen ustedes que por preocuparse vivirán un día más?

Aprendan de las flores que están en el campo. Ellas no trabajan para hacerse sus vestidos. Sin embargo, les aseguro que ni el rey Salomón se vistió tan bien como ellas, aunque tuvo muchas riquezas.

Si Dios hace tan hermosas a las flores, que viven tan poco tiempo, ¿acaso no hará más por ustedes? ¡Veo que todavía no han aprendido a confiar en Dios!

Ya no se preocupen preguntando qué van a comer, qué van a beber o qué ropa se van a poner. Sólo los que no conocen a Dios se preocupan por eso. Ustedes no se desesperen por esas cosas. Su Padre que está en el cielo sabe que las necesitan.

Lo más importante es que reconozcan a Dios como único rey, y que hagan lo que él les pide. Todo lo demás, él se los dará a su tiempo. Así que no se preocupen por lo que pasará mañana. Ya tendrán tiempo para eso. Recuerden que ya tenemos bastante con los problemas de cada día." Mateo 6:25-34 (TLA)

"Así que pon tus preocupaciones en las manos de Dios, pues él tiene cuidado de ti." 1 Pedro 5:7 (TLA)

Recuerda que Jesús les dijo a sus discípulos: "No se preocupen. Confíen en Dios y confíen también en mí." Juan 14:1 (TLA).

Y más adelante les vuelve a decir: "Les doy la paz. Pero no una paz como la que se desea en el mundo; lo que les doy es mi propia paz. No se preocupen ni tengan miedo por lo que va a pasar pronto." Juan 14:27 (TLA)

El autor de la carta a los Filipenses nos dice: "No se preocupen por nada. Más bien, oren y pídanle a Dios todo lo que necesiten, y sean agradecidos. Así Dios les dará su paz, esa paz que la gente de este mundo no alcanza a comprender, pero que protege el corazón y el entendimiento de los que ya son de Cristo." Filipenses 4:6,7 (TLA)

"Ustedes fueron llamados a formar un solo cuerpo, el cuerpo de Cristo. Dejen que la paz de Cristo gobierne sus corazones, y sean agradecidos." Colosenses 3:15 (TLA)

"Al de carácter firme lo guardarás en perfecta paz, porque en ti confía." Isaías 26:3 (NVI)

A pesar de todas las cargas y tribulaciones por las que estaba viviendo, el salmista conocía la paz de Dios en medio de la tormenta: "Cuando me acuesto, me duermo en seguida, porque sólo tú, mi Dios, me das tranquilidad." Salmos 4:8 (TLA)

No dejes que las preocupaciones de esta vida ganen la batalla robándote la preciosa paz que Dios te ha regalado. Recuerda que "Dios te proveerá de todo lo que necesitas, conforme a las gloriosas riquezas que tiene en Cristo Jesús." Filipenses 4:19 (NVI)

Por eso, "vivamos bajo el cuidado del Dios altísimo; pasemos la noche bajo la protección del Dios todopoderoso. Él es nuestro refugio, el Dios que nos da fuerzas, ¡el Dios en quien confiamos!" Salmos 91:1,2 (TLA)

En este día podemos orar como el salmista: "Cuando me encuentro en problemas, tú me das nuevas fuerzas. Muestras tu gran poder y me salvas de mis enemigos." Salmos 138:7 (TLA)

"Por eso, aunque pasamos por muchas dificultades, no nos desanimamos. Tenemos preocupaciones, pero no perdemos la calma. La gente nos persigue, pero Dios no nos abandona. Nos hacen caer, pero no nos destruyen." 2 Corintios 4:8-9 (TLA)

"No dejen de confiar en Dios, porque sólo así recibirán un gran premio. Sean fuertes, y por ningún motivo dejen de confiar cuando estén sufriendo, para que así puedan hacer lo que Dios quiere y reciban lo que él les ha prometido." Hebreos 10:35-36 (TLA)

Día 3: Dios quiere perdonarte, escucharte y restaurarte

¿Deseas que el Señor mantenga sus ojos abiertos y atentos sus oídos a tus oraciones? ¿Deseas que Dios te escoja y te consagre para habitar en ti, y que Sus ojos y su corazón siempre estén sobre ti?

Pues te tengo una excelente noticia: ¡Dios desea con todo Su corazón que esto se haga realidad en tu vida! Y es por eso que en el segundo libro de Crónicas te dice cómo debes lograrlo:

"Si mi pueblo, que lleva mi nombre, se humilla y ora, y me busca y abandona su mala conducta, yo lo escucharé desde el cielo, perdonaré su pecado y restauraré su tierra. Mantendré abiertos mis ojos, y atentos mis oídos a las oraciones que se eleven en este lugar. Desde ahora y para siempre escojo y consagro este templo para habitar en él. Mis ojos y mi corazón siempre estarán allí." 2 Crónicas 7.14-16

Humillarse implica reconocer que necesitamos el perdón de Dios.

También nos dice que oremos y busquemos de Dios, y este "buscarlo" no es para jugar a las escondidas, sino para que lo conozcamos. Él nos dice: "Lo que pido de ustedes es amor y no sacrificios, conocimiento de Dios y no holocaustos." Oseas 6.6

"Conozcamos al Señor; vayamos tras su conocimiento. Tan cierto como que sale el sol, él habrá de manifestarse; vendrá a nosotros como la lluvia de invierno, como la lluvia de primavera que riega la tierra." Oseas 6. 3

Y por último... "abandona tu mala conducta". Sé que es difícil abandonar una conducta, sobre todo cuando se nos ha hecho hábito. Y no importa si recién conoces a Dios o si te criaste en un hogar cristiano y hasta tienes un súper ministerio. Nadie está exento de caer: "Si alguien piensa que está firme, tenga cuidado de no caer." 1 Corintios 10.12

Lo cierto es que abandonar una mala conducta no es imposible. Simplemente se trata de intentarlo, y si caes, ¡te levantas! ¡Y si vuelves a caer te vuelves a levantar! Todas las veces que sea necesario.

La única manera que tiene el diablo de vencerte es que tú decidas no volver a levantarte. Mientras aún luches, no estarás vencido. Intenta de una manera activa vencer el pecado, confiésalo, pide consejo a personas que amen a Dios y sean maduras espiritualmente. Y recuerda: ¡tómate de la mano de Dios y LEVÁNTATE!

Nunca dudes en acercarte nuevamente a Dios, "porque no tenemos un sumo sacerdote incapaz de compadecerse de nuestras debilidades, sino uno que ha sido tentado en todo de la misma manera que nosotros, aunque sin pecado. Así que acerquémonos confiadamente al trono de la gracia para recibir misericordia y hallar la gracia que nos ayude en el momento que más la necesitemos." Hebreos 4.15-16

Dios quiere perdonarte, escucharte y restaurarte, así que recuerda que "el Señor afirma los pasos del hombre cuando le agrada su modo de vivir; podrá tropezar, pero no caerá, porque el Señor lo sostiene de la mano." Salmos 37.23-24

Esto es lo que Dios dice de ti: "A cambio de ti entregaré hombres; ¡a cambio de tu vida entregaré pueblos! Porque te amo y eres ante mis ojos precioso y digno de honra. No temas, porque yo estoy contigo; desde el oriente traeré a tu descendencia, desde el occidente te reuniré." Isaías 43.4-5

Día 4: Jesús convierte el agua en vino aún hoy

Hoy quiero compartir contigo un mensaje que escuché hace unos días y que tocó profundamente mi corazón, y espero que también lo haga contigo.

Trata sobre una historia muy conocida: Jesús convierte el agua en vino. Antes de ingresar a la historia vale resaltar tres características principales del agua: es incolora (no posee color), inodora (no posee olor) e insípida (no posee sabor). En total contraste con el vino, el cual, quienes saben de vinos, lo definen por su color, olor y sabor.

Te pregunto a ti directamente: ¿Algún área de tu vida está como el agua: sin color, olor ni sabor? Tú sabes muy bien cuál es esa área, ¡o quizás sea toda tu vida!

Pero la buena noticia es que ¡Dios aún hoy puede transformar el agua en vino!

El Evangelio de Juan, capítulo 2 lo relata de la siguiente manera: "Al tercer día se celebró una boda en Caná de Galilea, y la madre de Jesús se encontraba allí. También habían sido invitados a la boda Jesús y sus discípulos."

Aquí encontramos la primera clave para que Dios cambie el agua en vino: ¡Asegúrate de que Jesús esté en la fiesta! Cerciórate de que Cristo esté presente en esa área de tu vida que necesita un cambio radical.

"Cuando el vino se acabó, la madre de Jesús le dijo:
—Ya no tienen vino.
—Mujer, ¿eso qué tiene que ver conmigo? —Respondió Jesús—.

Todavía no ha llegado mi hora.
Su madre dijo a los sirvientes:
—Hagan lo que él les ordene."

La segunda clave: haz lo que Él ordene.

"Había allí seis tinajas de piedra, de las que usan los judíos en sus ceremonias de purificación. En cada una cabían unos cien litros.
Jesús dijo a los sirvientes:
—Llenen de agua las tinajas.
Y los sirvientes las llenaron hasta el borde."

Te imaginarás que llenar tinajas de piedra donde cabían 100 litros de agua no era nada fácil. En esa época no existían los grifos ni las cañerías. Lo que hacían en ese tiempo era ir a un pozo de agua (aljibe), llenar con agua una especie de balde, volvían y recién allí vertían en la tinaja de piedra. Ahora bien… mirándolo naturalmente, ¡esto no tenía sentido! Lo que hacía falta era vino y Jesús les dice que llenen las tinajas con agua.

La tercera clave es: trabaja con lo que tienes a mano, haz algo con lo que está a tu alcance. Lo bueno no es el agua, sino lo que Dios hace con el agua.

También vemos que esos sirvientes tienen que haber sido persistentes en su tarea a pesar de no ver ningún cambio. Quizás estaban cansados de llenar una y otra vez esas tinajas con un elemento tan simple y cotidiano como el agua. Sin embargo, lo hicieron hasta que el agua llegó al borde.

La cuarta clave es la respuesta a lo que siempre le preguntamos a Dios: ¿Hasta cuándo? Y Dios te dice: ¡Hasta el borde!

"—Ahora saquen un poco y llévenlo al encargado del banquete —les dijo Jesús. Así lo hicieron."

¿Te imaginas a la persona que le estaba llevando al encargado eso que para él seguía siendo agua? Encima Jesús ni siquiera hizo una oración para que se convirtiera en vino. Tampoco dijo: "Agua, ¡conviértete en vino!" Que ilógico, ¿verdad?

Sin embargo es así, Dios nos lleva hasta el límite de nuestra fe. Nos dice: sigue trabajando con agua. Y cuando menos lo notes, Dios hará el milagro.

"El encargado del banquete probó el agua convertida en vino sin saber de dónde había salido, aunque sí lo sabían los sirvientes que habían sacado el agua. Entonces llamó aparte al novio y le dijo:

—Todos sirven primero el mejor vino, y cuando los invitados ya han bebido mucho, entonces sirven el más barato; pero tú has guardado el mejor vino hasta ahora."

A lo mejor tú sientes que tu vida sí tiene color, olor y sabor, pero presta atención a esto, el encargado le dice: "has guardado el mejor vino hasta ahora". Ten presente que lo bueno es enemigo de lo mejor, y siempre se puede ser mejor.

Recuerda esto: Dios aún hoy convierte el agua en vino, pero asegúrate de que Jesús esté en la fiesta y de hacer lo que Él ordene perseverantemente, trabajando con lo que tienes a mano, aunque no veas nada de milagroso. Porque cuando menos te des cuenta ¡Dios ya convirtió el agua en vino!

Día 5: Recuerda la verdadera razón de nuestra alegría

El siguiente devocional lo escribí algunos días previos a la Navidad, pero ahora que vuelvo a leerlo sigue vigente para cualquier día del año, pues en cualquier momento podemos distraernos y perder de vista la verdadera razón por la cual vivimos en Cristo.

En esta época de tanto consumismo, fiestas y distracciones, apartemos un momento para enfocarnos en la verdadera razón de tanto festejo:

"Pongamos toda nuestra atención en Jesús, pues de él viene nuestra confianza, y es él quien hace que confiemos cada vez más y mejor. Jesús soportó la vergüenza de morir clavado en una cruz porque sabía que, después de tanto sufrimiento, sería muy feliz. Y ahora se ha sentado a la derecha del trono de Dios." Hebreos 12:2 (TLA)

La buena noticia nos enseña que Dios acepta a los que creen en Jesús. Como dice la Biblia: "Aquellos a quienes Dios ha aceptado y confían en él, vivirán para siempre." Romanos 1:17 (TLA)

"Pero aunque no lo podamos ver, confiamos en él." 2 Corintios 5:7 (TLA)

"Porque a Dios no le gusta que no confiemos en él. Para ser amigos de Dios hay que creer que él existe, y que sabe premiar a los que buscan su amistad." Hebreos 11:6 (TLA)

Jesús te conoce, Él sabe cómo te sientes el día de hoy, recuerda que Él dijo: "Mis seguidores me conocen, y yo también los conozco a ellos. Son como las ovejas, que reconocen la voz de su pastor, y él las conoce a ellas. Mis seguidores me obedecen, y yo les doy vida eterna; nadie me los quitará." Juan 10:27-28 (TLA)

"Pero el que beba del agua que yo doy nunca más tendrá sed. Porque esa agua es como un manantial del que brota vida eterna." Juan 4:14 "Les aseguro que el que cree en mí tendrá vida eterna." Juan 6:47 (TLA)

"También sabemos que el Hijo de Dios ha venido y nos ha dado entendimiento para que conozcamos al Dios verdadero. Y estamos con el Verdadero, con su Hijo Jesucristo. Éste es el Dios verdadero y la vida eterna." 1 Juan 5:20 (NVI)

Por esto, y por muchas cosas más, tenemos varias razones para cantar como lo hicieron los ángeles en Belén aquella gloriosa noche:

«Gloria a Dios en las alturas, y en la tierra paz a los que gozan de su buena voluntad.» Lucas 2.14 (NVI)

Día 6: Un día más de vida: Lo que Dios tiene para decirte hoy

En este nuevo día que acaba de comenzar:

"El SEÑOR mismo marchará al frente de ti y estará contigo; nunca te dejará ni te abandonará. No temas ni te desanimes." Deuteronomio 31.8 (NVI)

"Cuando a Dios le agrada la conducta de un hombre, lo ayuda a mantenerse firme. Tal vez tenga tropiezos, pero no llegará a fracasar porque Dios le dará su apoyo." Salmos 37.23-24 (TLA)

Dios "no permitirá que tu pie resbale; jamás duerme el que te cuida. Jamás duerme ni se adormece el que cuida de Israel." Salmos 121:3-4 (NVI)

"Dios te eligió a ti para que compartas todo con Su Hijo Jesucristo, nuestro Señor, y él siempre cumple su palabra." 1 Corintios 1:9 (TLA)

"Y aunque no seamos fieles, Cristo permanece fiel porque él jamás rompe su promesa. Pero podemos estar seguros de lo que hemos creído. Porque lo que Dios nos ha enseñado es como la sólida base de un edificio, en donde está escrito lo siguiente: «Dios sabe quiénes son suyos», y también dice: «Que todos los que adoran a Dios dejen de hacer el mal.»" 2 Timoteo 2:13; 2 Timoteo 2:19 (TLA)

Hoy Dios te dice: "Yo te guío por el camino de la sabiduría, te dirijo por sendas de rectitud. Cuando camines, no encontrarás obstáculos; cuando corras, no tropezarás. Aférrate a la instrucción, no la dejes escapar; cuídala bien, que ella es tu vida. No sigas la senda de los perversos ni vayas por el camino de los malvados.

Aleja de tu boca la perversidad; aparta de tus labios las palabras corruptas. Pon la mirada en lo que tienes delante; fija la vista en lo que está frente a ti. Endereza las sendas por donde andas; allana todos tus caminos. No te desvíes ni a diestra ni a siniestra; apártate de la maldad." Proverbios 4:10-14, 24-27 (NVI)

"El Señor te librará de todo mal y te preservará para su reino celestial. A él sea la gloria por los siglos de los siglos. Amén." 2 Timoteo 4:18

Día 7: El Cristiano Ateo: Creer en Dios, pero vivir como si Dios no existiera

¿Has notado últimamente la cantidad de gente que dice ser cristiana? Hoy en día ser cristiano está de moda, es fácil y no lleva complicaciones.

Si le preguntas a alguien si cree en Dios, seguro te dirá: "Por supuesto, claro que creo en Dios". La cosa es que la mayoría de la gente cree en Dios, pero en realidad vive como si Dios no existiera, y tristemente esto pasa aun dentro de la Iglesia.

No es suficiente creer en Dios, ya que aún los demonios creen en Él: "Tú crees que existe un solo Dios. ¡Muy bien! Pero hasta los demonios creen en él y tiemblan de miedo." Santiago 2.19 (TLA)

¿Cómo puedes saber si alguien conoce verdaderamente a Dios? Las acciones de una persona te lo dirán: "Nosotros sabemos que conocemos a Dios porque obedecemos sus mandamientos. Si alguien dice: «Yo soy amigo de Dios», y no lo obedece, es un mentiroso y no dice la verdad. En cambio, el que obedece lo que Dios ordena, de veras sabe amar como Dios ama, y puede estar seguro de que es amigo de Dios. El que dice que es amigo de Dios debe vivir como vivió Jesús." 1 Juan 2: 3-5 (TLA)

"Dicen conocer a Dios, pero con sus hechos lo niegan; son odiosos y rebeldes, incapaces de ninguna obra buena." Tito 1.16 (DHH)

Conocer a Dios puede conducir a un estilo de vida positivo, pero lo inverso no siempre es cierto. Nuestras buenas acciones no prueban que disfrutemos de una verdadera comunión con el Padre. Solo porque hagamos el bien, no significa que conozcamos a Aquel que es el bien.

Cuídate mucho de ser un cristiano ateo: aquel que cree en Dios, pero vive como si Él no existiera.

Me gustaría recomendarte un libro que acabo de leer y que justamente trata sobre esta problemática de la iglesia moderna. Escrito por el pastor Craig Groeschel, un cristiano ateo en vías de recuperación, el mismo es una mirada honesta, contundente y reveladora a la fe de los que creen en Dios pero que viven como si Él no existiera. Si verdaderamente deseas crecer en tu fe, este libro te retará a una vida más profunda y más llena de Cristo.

El autor del libro nos dice: *"Es hora de sincerarte contigo mismo y con Dios. ¿Lo conoces? Si es así, ¿cuánto? Si de verdad admites que no lo conoces, te entiendo perfectamente. Durante mucho tiempo yo creí en Dios, pero no le conocía de verdad. Era como Job, que dijo: "Lo que antes sabía de ti era lo que me habían contado, pero ahora mis ojos te han visto, y he llegado a conocerte." Job 42.5 (TLA)*

¿Te ha transformado Dios? ¿Has cambiado a causa de Él? Si no es así, es muy probable que seas un cristiano ateo. Lamentablemente, nuestro pecado nos separa de Dios, porque él es santo. Y en su misericordia y gracia Dios envió a su Hijo, Jesús, para que fuera el sacrificio perfecto por el perdón de nuestros pecados. Jesús, el Hijo de Dios que no tenía pecado, se convirtió en pecado por nosotros en la cruz. Él es el «cordero de Dios» que murió en nuestro lugar. Romanos 10:13 dice: «Todo el que invoque el nombre del Señor será salvo». Y «todo el que invoque» nos incluye a ti y a mí.

Si no conoces a Dios, puedes conocerle. Si antes estabas cerca de Dios, puedes volver a estarlo. No es difícil conocer a Dios, y no se trata de un conjunto de reglas. Sí, Dios quiere tu obediencia, pero más que eso desea tu corazón. Él afirma una y otra vez que, si lo buscas, lo encontrarás (Deuteronomio 4:29; Jeremías 29:13; Mateo 7:7-8; Hechos 17:27). Puedes encontrarlo si lees tu Biblia. Él ha estado siempre allí. Y cuando empieces a buscarlo, descubrirás que ya está corriendo hacia ti, porque te ama demasiado."

Presiona el siguiente enlace para descargar el primer capítulo de este libro:

http://bit.ly/cristianoateo

Conoce a Dios y permite que su presencia tenga impacto en cada área de tu vida, todos los días.

Día 8: Cómo experimentar la Presencia de Dios

En la reflexión anterior escribí sobre el cristiano ateo. Mencioné la importancia de conocer a Dios. Es un tema muy importante, ya que Jesús, orando al Padre, dijo: "Y ésta es la vida eterna: que te conozcan a ti, el único Dios verdadero, y a Jesucristo, a quien tú has enviado." Juan 17.3

La vida cristiana no es un conjunto de reglas que hay que cumplir ni tampoco una serie de actividades en las que hay que participar. Ser cristiano involucra una experiencia personal con Dios que nos transforma, es una serie de encuentros significativos en Su presencia.

¿Cómo puedes experimentar la presencia de Dios? Hace muchos años escuché a Marco Barrientos compartir estos 3 sencillos pasos que pueden ayudarte:

1. **Cercanía**: *Preséntate a Dios*. "Oh Jehová, de mañana oirás mi voz; de mañana me presentaré delante de ti, y esperaré." Salmos 5.3 (RVR60)
2. **Vulnerabilidad:** *Ábrete ante Dios*. "He aquí, yo estoy a la puerta y llamo; si alguno oye mi voz y abre la puerta, entraré a él, y cenaré con él, y él conmigo." Apocalipsis 3.20 (RVR60)

Dios espera que te presentes delante de Él tal cual eres, sin máscaras ni fingimientos, pues Él se fija en el corazón, no en el exterior.

3. **Comunicación:** *Clama a Dios*. "Clama a mí, y yo te responderé, y te enseñaré cosas grandes y ocultas que tú

no conoces." Jeremías 33.3 (RVR60)

Para experimentar a Dios es necesario que rompas el silencio y te involucres en una *conversación* con tu Creador. El salmista nos recuerda lo que sucede cuando decidimos callar: "Mientras callé, se envejecieron mis huesos en mi gemir todo el día." Salmos 32.3

O como lo dice la Traducción Lenguaje Actual: "Mientras no te confesé mi pecado, las fuerzas se me fueron acabando de tanto llorar." El silencio deprime y angustia.

Recuerda que Dios está esperando tener un encuentro personal y verdadero contigo. Que no pase el día de hoy sin que tengas al menos unos minutos de intimidad con Él.

Mientras más te acercas a la presencia de Dios, más le conocerás y te atreverás a abrir tu corazón para recibir Su amor y la gracia que necesitas para cada día.

Como dijo el autor de la carta a los hebreos: "Así que, cuando tengamos alguna necesidad, acerquémonos con confianza al trono de Dios. Él nos ayudará, porque es bueno y nos ama." Hebreos 4.16 (TLA)

No hay mejor lugar para expresar nuestra necesidad y debilidad que delante de Dios. Ahí podemos recibir gracia para nuestra condición, como así también la misericordia y la aceptación de nuestro Padre amoroso.

Porque Él nos dio una nueva oportunidad, como lo dijo por medio de David: «Si hoy escuchan la voz de Dios, no sean tan tercos.» Hebreos 4.7 (TLA)

"Me buscarán y me encontrarán, porque me buscarán de todo corazón." Jeremías 29.13 (DHH)

Si de verdad deseas saber cómo experimentar la presencia de Dios, puedes escuchar y descargar gratis la serie "El Conocimiento de

Dios" que predicó Marco Barrientos en su Iglesia allá por el año 2004.

Por favor descarga la prédica, imprime el bosquejo y aparta un tiempo para escuchar y tomas notas: el poder de la Palabra de Dios cambiará tu vida.

Presiona el siguiente enlace para escuchar la prédica completa:

http://bit.ly/30dias4-marco1

Presiona el siguiente enlace para descargar el PDF del bosquejo:

http://bit.ly/30dias4-marco2

Día 9: Cuando parece que Dios te ha abandonado y no te escucha

Hay momentos en nuestra vida que sentimos que Dios nos ha abandonado, parece que Él ya no está más con nosotros. No eres la única persona que se ha sentido así, todos lo hemos vivido. Tal es así que el salmista David lo expresaba de esta forma:

"Mi Señor y Dios, ¿vas a tenerme siempre olvidado? ¿Vas a negarte a mirarme? ¿Debe seguir mi corazón siempre angustiado, siempre sufriendo? ¿Hasta cuándo el enemigo me va a seguir dominando? Mírame y respóndeme; ¡ayúdame a entender lo que pasa!" Salmos 13:1-2 (TLA)

"¡No me dejes solo! ¡Me encuentro muy angustiado, y nadie me brinda su ayuda!" Salmos 22:11

"Yo estoy a tu servicio. No te escondas de mí. No me rechaces. ¡Tú eres mi ayuda! Dios mío, no me dejes solo; no me abandones; ¡tú eres mi salvador!" Salmos 27:9

Con todo eso, David sabía que "El Señor está cerca de todos los que le invocan, de todos los que le invocan en verdad. Cumplirá el deseo de los que le temen, también escuchará su clamor y los salvará." Salmos 145:18-19 (RVR60)

Recuerda que Jesús te prometió lo siguiente: "No los voy a dejar huérfanos; volveré a ustedes. Les aseguro que estaré con ustedes siempre, hasta el fin del mundo." Juan 14.18, Mateo 28.20 (NVI)

"Nuestro Dios es como un castillo que nos brinda protección. Dios siempre nos ayuda cuando estamos en problemas. Aunque tiemble la tierra y se hundan las montañas hasta el fondo del mar; aunque se levanten grandes olas y sacudan los cerros con violencia, ¡no tendremos miedo!" Salmos 46:1-2 (TLA)

Hoy Dios te dice: «Mi pueblo me ama y me conoce; por eso yo lo pondré a salvo. Cuando me llame, le responderé y estaré con él en su angustia; lo libraré y lo llenaré de honores, le daré muchos años de vida, y lo haré gozar de mi salvación». Salmos 91:14-16 (TLA)

Así que en este día podemos decir con total seguridad: "Sólo Dios me da tranquilidad; sólo él me da confianza. Sólo él me da su protección, sólo él puede salvarme; ¡jamás seré derrotado!

Dios es mi salvador; Dios es mi motivo de orgullo; me protege y me llena de fuerza. ¡Dios es mi refugio!" Salmos 62:5-7 (TLA)

Día 10: La compañía de Dios en nuestra soledad

En la reflexión anterior hablamos de algunas razones por las cuales Dios permite el sufrimiento en la vida del cristiano. Cuando pasamos por el valle de sombra de muerte también nos sentimos solos y sin fuerzas.

Hoy Dios te dice:

"Aunque cambien de lugar las montañas y se tambaleen las colinas, no cambiará mi fiel amor por ti ni vacilará mi pacto de paz, dice el Señor, que de ti se compadece." Isaías 54:10 (NVI)

"Porque el Señor tu Dios es un Dios compasivo, que no te abandonará ni te destruirá, ni se olvidará del pacto que mediante juramento hizo con tus antepasados." Deuteronomio 4:31 (NVI)

"Cuando cruces las aguas, yo estaré contigo; cuando cruces los ríos, no te cubrirán sus aguas; cuando camines por el fuego, no te quemarás ni te abrasarán las llamas." Isaías 43:2 (NVI)

"Así que no temas, porque yo estoy contigo; no te angusties, porque yo soy tu Dios. Te fortaleceré y te ayudaré; te sostendré con mi diestra victoriosa." Isaías 41:10 (NVI)

Recuerda que "el Dios sempiterno es tu refugio; por siempre te sostiene entre sus brazos. Expulsará de tu presencia al enemigo…" Deuteronomio 33:27 (NVI)

"Por amor a su gran nombre, el Señor no rechazará a su pueblo; de hecho él se ha dignado hacerte a ti Su propio pueblo." 1 Samuel 12:22 (NVI)

Recuerda que Jesús te dejó dicho: "No voy a dejarlos solos; volveré a estar con ustedes." Juan 14:18 (TLA) y también: "Yo estaré siempre con ustedes, todos los días, hasta el fin del mundo". Mateo 28:20 (TLA)

Mira lo que dice el autor de la carta a los hebreos: "No vivan preocupados por tener más dinero. Estén contentos con lo que tienen, porque Dios ha dicho en la Biblia: Nunca te dejaré abandonado." Hebreos 13:5 (TLA)

Así que te animo a que seas "fuerte y valiente. No temas ni te asustes ante esas naciones, pues el Señor tu Dios siempre te acompañará; nunca te dejará ni te abandonará." Deuteronomio 31:6 (NVI)

Hoy Dios te dice como a Josué: "Nadie podrá derrotarte jamás, porque yo te ayudaré, así como ayudé a Moisés. Nunca te fallaré ni te abandonaré. Pero tú debes ser fuerte y valiente, porque serás tú quien guíe al pueblo de Israel para que reciba el territorio que les prometí a sus antepasados.

Sólo te pido que seas muy fuerte y valiente. Así podrás obedecer siempre todas las leyes que te dio mi servidor Moisés. No desobedezcas ni una sola de ellas, y te irá bien por dondequiera que vayas.

Nunca dejes de leer el libro de la Ley; estúdialo de día y de noche, y ponlo en práctica, para que tengas éxito en todo lo que hagas. No te desanimes ni tengas miedo, porque yo soy tu Dios, y te ayudaré por dondequiera que vayas." Josué 1:5-9 (TLA)

Día 11: Dios es un refugio que te protege y te da fuerzas

"Nuestro Dios es como un castillo que nos brinda protección. Dios siempre nos ayuda cuando estamos en problemas. Aunque tiemble la tierra y se hundan las montañas hasta el fondo del mar; aunque se levanten grandes olas y sacudan los cerros con violencia, ¡no tendremos miedo!

Con nosotros está el Dios del universo; él es Dios de nuestro pueblo, ¡él es nuestro refugio!" (Salmos 46: 1-3 y 7 (TLA)

Tu Dios es más grande que esa inmensa montaña que está delante de ti. Tu Dios es más poderoso de lo que te puedes imaginar. El día de hoy te animo a que ores como el salmista David:

"Sólo Dios me da tranquilidad,
sólo él puede salvarme;
sólo él me da su protección,
¡jamás seré derrotado!
Sólo Dios me da tranquilidad;
sólo él me da confianza.

Sólo él me da su protección,
sólo él puede salvarme;
¡jamás seré derrotado!
Dios es mi salvador;
Dios es mi motivo de orgullo;
me protege y me llena de fuerza.

¡Dios es mi refugio!
Pueblo mío,
¡confía siempre en Dios!

Cuando vayas a su templo,
cuéntale todos tus problemas.
¡Dios es nuestro refugio!" Salmos 62:1-2,5-8 (TLA)

Hoy te animo a que le hables a esa situación difícil, a esa montaña delante de ti, a ese proyecto que tienes en mente o a ese emprendimiento que parece estar en la cuerda floja. Dile lo siguiente:

"Mi vida está escondida en Él
Refugio de mi vida es el Señor
Castillo mío, refugio mío,
¡mi Dios en quien confío!"

Hace muchos años atrás, solíamos cantar una canción con esa misma letra. Descarga esa canción presionando el siguiente enlace:

http://bit.ly/30dias4-vidaescondida

También te recuerdo que puedes descargar 5 álbumes completos de la Comunidad Cristiana Casa de Oración en México, quienes grabaron la canción anterior:

http://bit.ly/30dias4-casadeoracion

Día 12: ¿Por qué no puedo cambiar?

¿Alguna vez has prometido abandonar un mal hábito, para al poco tiempo caer de nuevo en el mismo? La derrota te deja preguntándote: ¿Qué pasa conmigo? ¿Por qué no puedo vencer esto?

Lo que sucede es que el convertirnos en las personas que Dios quiso que fuéramos al crearnos es un proceso de adentro hacia fuera. Ya que nuestros pensamientos gobiernan nuestras emociones, decisiones, acciones, actitudes y palabras, cualquier transformación duradera debe comenzar con la mente.

Por eso Pablo nos dice: "No se amolden al mundo actual, sino sean transformados mediante la renovación de su mente. Así podrán comprobar cuál es la voluntad de Dios, buena, agradable y perfecta." Romanos 12.2 (NVI)

Esta no es una transformación repentina, sino un proceso que dura toda la vida. Somos un reflejo de todo lo que hemos estado pensando durante años.

La buena noticia es que, no importa cuáles hayan sido tus pensamientos en el pasado, Dios puede enseñarte a pensar de manera diferente. Él te da su Espíritu para guiarte mediante un proceso que produce una restauración real y un cambio permanente.

Santiago 1:14 al 15 dice: "Cada uno es tentado cuando sus propios malos deseos lo arrastran y seducen. Luego, cuando el deseo ha concebido, engendra el pecado; y el pecado, una vez que ha sido consumado, da a luz la muerte." (NVI)

Por eso, debemos tener discernimiento en cuanto a lo que vemos y escuchamos. Es también la razón por la que el apóstol Pablo nos dice: "Con respecto a la vida que antes llevaban, se les enseñó que debían quitarse el ropaje de la vieja naturaleza, la cual está corrompida por los deseos engañosos; ser renovados en la actitud de su mente; y ponerse el ropaje de la nueva naturaleza, creada a imagen de Dios, en verdadera justicia y santidad." Efesios 4.22-24 (NVI).

¿Pensaremos, como dice Pablo, en "todo lo que es verdadero, todo lo honesto, todo lo justo, todo lo puro, todo lo amable, todo lo que es de buen nombre" (Filipenses 4.8), permitiendo que nuestras mentes sean transformadas? ¿O morderemos el anzuelo del enemigo y sus maquinaciones?

Y recuerda… "no has sufrido ninguna tentación que no sea común al género humano. Pero Dios es fiel, y no permitirá que seas tentado más allá de lo que puedas aguantar. Más bien, cuando llegue la tentación, él te dará también una salida a fin de que puedas resistir." 1 Corintios 10:13 (NVI)

"Pues aunque vivimos en el mundo, no libramos batallas como lo hace el mundo. Las armas con que luchamos no son del mundo, sino que tienen el poder divino para derribar fortalezas. Destruimos argumentos y toda altivez que se levanta contra el conocimiento de Dios, y llevamos cautivo todo pensamiento para que se someta a Cristo." 2 Corintios 10:3-5

No basta resistir las mentiras del enemigo; debemos también, llenar nuestra mente con la verdad de la Palabra de Dios. Jesús usó esta técnica cuando Satanás lo tentó en el desierto (Mateo 4.1-11). Respondió cada reto con las Sagradas Escrituras, diciendo: "Escrito está…"

Cuando tenemos un versículo listo en nuestros labios que refute una mentira de Satanás, tenemos la munición espiritual más poderosa posible.

No te castigues cuando fracases. Más bien, confiesa tu falta y arrepiéntete lo más rápidamente posible ya que "si confesamos nuestros pecados, Dios, que es fiel y justo, nos los perdonará y nos limpiará de toda maldad." 1 Juan 1.9 (NVI).

Comienza hoy. No hagas promesas que posiblemente no cumplirás y te llevaran a un sentimiento de culpa y decepción. Simplemente comienza a llenar tu cabeza con todo lo bueno, todo lo justo, todo lo puro…

"Estoy convencido de esto: el que comenzó tan buena obra en ustedes la irá perfeccionando hasta el día de Cristo Jesús." Filipenses 1.6 (NVI)

Día 13: Consuelo eterno y esperanza en nuestros sufrimientos

Sea cual sea tu situación el día de hoy, recuerda lo siguiente:

"Dios nos ayuda en las dificultades y sufrimientos. ¡Demos gracias a Dios, Padre de nuestro Señor Jesucristo! Él es un Padre bueno y amoroso, y siempre nos ayuda. Cuando tenemos dificultades, o cuando sufrimos, Dios nos ayuda para que podamos ayudar a los que sufren o tienen problemas." 2 Corintios 1:3-4 (TLA)

"El diablo le puso a Jesús las mismas trampas que nos pone a nosotros para hacernos pecar, sólo que Jesús nunca pecó. Por eso, él puede entender que nos resulta difícil obedecer a Dios. Así que, cuando tengamos alguna necesidad, acerquémonos con confianza al trono de Dios. Él nos ayudará, porque es bueno y nos ama." Hebreos 4:15-16 (TLA)

Hoy Dios te dice: "No temas, porque yo estoy contigo; no te angusties, porque yo soy tu Dios. Te fortaleceré y te ayudaré; te sostendré con mi diestra victoriosa." Isaías 41:10 (NVI)

"El Señor, el redentor, el Dios Santo de Israel, dice al pueblo que ha sido totalmente despreciado, al que los otros pueblos aborrecen, al que ha sido esclavo de los tiranos: «Cuando los reyes y los príncipes te vean, se levantarán y se inclinarán delante de ti porque yo, el Señor, el Dios Santo de Israel, te elegí y cumplo mis promesas.» Isaías 49.7 (Dios Habla Hoy)

Recuerda también que Jesús te dijo: "Dichosos los que sufren, porque serán consolados." Mateo 5.4 (TLA)

Así que hoy podemos repetir con total confianza lo que dijo el salmista: "Tus promesas me dan vida; me consuelan en mi dolor." Salmos 119:50 (TLA)

"Puedo cruzar lugares peligrosos y no tener miedo de nada, porque tú eres mi pastor y siempre estás a mi lado; me guías por el buen camino y me llenas de confianza." Salmos 23:4 (TLA)

"Que nuestro Señor Jesucristo mismo, y Dios nuestro Padre, que nos ha amado y nos ha dado consuelo eterno y esperanza gracias a su bondad, anime tu corazón y te mantenga constante en hacer y decir siempre lo bueno." 2 Tesalonicenses 2:16-17 (TLA)

Día 14: Las promesas de Dios para los que confían en Él

Hoy me gustaría recordarte lo que dijo Jesús: "No se desesperen preguntándose qué van a comer, o qué van a beber. Sólo los que no conocen a Dios se preocupan por eso. Dios, el Padre de ustedes, sabe que todo eso lo necesitan. Lo más importante es que reconozcan a Dios como único rey. Todo lo demás, él se los dará a su debido tiempo." Lucas 12:29-31 (TLA)

Dios tiene cuidado de ti. Él sabe lo que te preocupa. Él sabe lo que estás viviendo y por la situación que estás atravesando. Lo que debes hacer es seguir confiando en Él como lo hizo Abraham.

"Cuando Dios le prometió a Abraham que tendría muchísimos descendientes, esto parecía imposible. Sin embargo, por su esperanza y confianza en Dios, Abraham llegó a ser el antepasado de gente de muchos países que también confían en Dios. Aunque Abraham tenía casi cien años, y sabía que pronto moriría, nunca dejó de confiar en Dios. Y aunque sabía que su esposa Sara no podía tener hijos, nunca dudó de que Dios cumpliría su promesa. Al contrario, su confianza era cada vez más firme, y daba gracias a Dios.

Abraham estaba completamente seguro de que Dios tenía poder para cumplir su promesa. Por eso Dios lo aceptó. Y cuando la Biblia dice que Dios aceptó a Abraham, no se refiere sólo a él sino también a nosotros. Dios es el mismo que resucitó a Jesús nuestro Señor, y nos acepta si confiamos en él. Dios entregó a Jesús para que muriera por nuestros pecados, y lo resucitó para que fuéramos declarados inocentes." Romanos 4.18-24 (TLA)

¿Te gustaría ser aceptado por el Señor? ¿Quieres que Él te tenga en cuenta? Entonces fortalece tu fe y nunca dejes de confiar en Él. Cree y espera en el Señor. Entonces Él vendrá a ti, así como en los días del profeta Isaías:

"Miren, el Señor omnipotente llega con poder, y con su brazo gobierna. Su galardón lo acompaña; su recompensa lo precede. Como un pastor que cuida su rebaño, recoge los corderos en sus brazos; los lleva junto a su pecho, y guía con cuidado a las recién paridas." Isaías 40:10-11 (NVI)

Que no desfallezca tu fe en el Señor, pues ésta será grandemente recompensada: "No dejes de confiar en Dios, porque sólo así recibirás un gran premio. Se fuerte, y por ningún motivo dejes de confiar en Él cuando estés sufriendo, para que así puedas hacer lo que Dios quiere y recibas lo que él te ha prometido.

Pues Dios dice en la Biblia:

«Muy pronto llegará el que tiene que venir. ¡Ya no tarda! Los que me son fieles en todo y confían en mí vivirán para siempre. Pero si dejan de serme fieles, no estaré contento con ellos.»

Gracias a Dios, nosotros no somos de los que dejan de ser fieles y acaban siendo castigados, sino que somos de los que reciben la salvación por confiar en Dios." Hebreos 10.35-39 (TLA)

¿Las puertas se cierran? Sigue confiando en Dios.

¿No tienes trabajo? Confía en tu Dios proveedor.

¿Problemas familiares? Permanece en oración, que tu fe no decaiga.

¿Situaciones difíciles que no puedes controlar? Cree y espera en el Señor.

Dios empezó en ti su "buena obra y la irá perfeccionando hasta el día en que Jesucristo vuelva". Filipenses 1:6 (TLA)

Día 15: Cómo obtener nuevas fuerzas

El siguiente devocional lo escribí la víspera de año nuevo, pero cada día que comienza trae sus retos y desafíos:

Ha comenzado un nuevo año y es tiempo para hacer un balance del año que pasó, pero también iniciar con todas las fuerzas este nuevo año que Dios nos da con la actitud del apóstol Pablo: "Una cosa hago: olvidando lo que queda atrás y extendiéndome a lo que está delante, prosigo a la meta, al premio del supremo llamamiento de Dios en Cristo Jesús." Filipenses 3.13-14 (RVR60)

"Ustedes saben que en una carrera todos corren, pero solamente uno recibe el premio. Pues bien, corran ustedes de tal modo que reciban el premio. Los que se preparan para competir en un deporte, evitan todo lo que pueda hacerles daño. Y esto lo hacen por alcanzar como premio una corona que en seguida se marchita; en cambio, nosotros luchamos por recibir un premio que no se marchita." 1 Corintios 1.24-25 (Dios Habla Hoy).

"Dejemos a un lado todo lo que nos estorba y el pecado que nos enreda, y corramos con fortaleza la carrera que tenemos por delante. Fijemos nuestra mirada en Jesús, pues de él procede nuestra fe y él es quien la perfecciona." Hebreos 12.1-2 (DHH)

Hoy podemos decir: "Yo sé en quién he puesto mi confianza; y estoy seguro de que él tiene poder para guardar hasta aquel día lo que me ha encomendado." 2 Timoteo 1.12 (DHH).

"Dios empezó el buen trabajo en ti, y estoy seguro de que lo irá perfeccionando hasta el día en que Jesucristo vuelva." Filipenses 1.6 (TLA)

"El nombre del Señor es una torre poderosa a la que acuden los justos en busca de protección." Proverbios 18.10 (TLA)

"Dios es quien me salva; tengo confianza, no temo. El Señor es mi refugio y mi fuerza, él es mi salvador." Isaías 12.2 (TLA)

Así que disfruta lo que ya tienes, "porque Dios ha dicho: «Nunca te dejaré ni te abandonaré.» Así que podemos decir con confianza: «El Señor es mi ayuda; no temeré. ¿Qué me puede hacer el hombre?»" Hebreos 13.5-6 (TLA)

Día 16: Disfruta la compañía de Nuestro Dios

Hasta los hombres y mujeres de Dios a veces experimentan soledad.

Hace poco leí el caso de una mujer de 55 años que se arrojó al vacío desde su apartamento en el piso 14. Minutos antes de su muerte vio a un hombre lavando ventanas en un edificio cercano. Lo saludó y le sonrió; él le sonrió y le devolvió el saludo. Cuando el hombre se dio vuelta para continuar con su trabajo, ella saltó.

Había dejado la siguiente nota sobre un escritorio muy prolijo y ordenado: "No puedo soportar un día más de esta soledad. Mi teléfono nunca suena. Nunca recibo cartas. No tengo amigos."

Otra mujer que vivía en el mismo piso les dijo a los periodistas: "Ojalá hubiera sabido que ella estaba tan sola. Yo me siento de la misma manera."

Tú y yo estamos rodeados de personas solas. Nadie está inmune al sentimiento de soledad.

Pero mira lo que nos dice Jesús: "He aquí, yo estoy con vosotros todos los días, hasta el fin del mundo." Mateo 28.19-20

Hoy puedes decir como el salmista: "Aunque mi padre y mi madre me abandonen, el Señor me recibirá en sus brazos." Salmos 27.10

"¿A dónde podría alejarme de tu Espíritu? ¿A dónde podría huir de tu presencia? Si subiera al cielo, allí estás tú; si tendiera mi lecho en el fondo del abismo, también estás allí. Si me elevara sobre las alas del alba, o me estableciera en los extremos del mar, aun allí tu mano me guiaría, ¡me sostendría tu mano derecha!" Salmos 139.7-10

El Señor siempre está contigo, no importa tu situación. Si todavía sientes soledad, ve con alguien y regálale un abrazo. ¿Quieres recibir llamadas? Empieza tú a llamar por teléfono. ¿Deseas recibir mensajes? Empieza a escribir a otras personas.

En esta vida nunca recibirás lo que no aprendes a dar.

Si de verdad deseas sentir compañerismo, sal de donde estás y brinda tu amistad a los demás. Tienes mucho para dar y Dios desea que compartas lo que has recibido de Él con otras personas. Pero tienes que decidirlo, y cuanto antes mejor, pues es la única manera en la cual te librarás de tu soledad.

Día 17: Dios nos guía al mejor destino

Muchas veces olvidamos las grandes cosas que Dios hizo en nuestra vida. Somos como el pueblo de Israel, que constantemente olvidaba las proezas y los milagros de Dios. Mira lo que escribió el salmista con respecto al pueblo de Dios:

"Nuestros abuelos andaban sin rumbo y por lugares desiertos; no encontraban el camino que los llevara a un lugar habitado. Tenían hambre y sed, y habían perdido la esperanza de quedar con vida. Llenos de angustia, oraron a Dios, y él los libró de su aflicción. Los puso en el camino correcto que los llevaría a un lugar habitado. ¡Demos gracias a Dios por su amor, por todo lo que ha hecho en favor nuestro! ¡Dios calma la sed del sediento, y el hambre del hambriento!" Salmos 107.4-9 (TLA)

Dios es quien está en control de tu vida, si lo dejas. Él sabe tu situación y no está lejos de ti. Él quiere guiarte en tu diario caminar. Tú eres parte del pueblo que Él ha escogido, y como tal, desea cuidar de ti como lo hizo ya hace muchos años:

"Cuando Dios los encontró, ustedes andaban por el desierto, por tierras barridas por el viento. Pero él los tomó en sus brazos y los cuidó como a sus propios ojos. Dios ha cuidado de ustedes como cuida el águila a sus polluelos. Dios siempre ha estado cerca para ayudarlos a sobrevivir. Dios mismo dirigió a su pueblo, y no necesitó ayuda de otros dioses." Deuteronomio 32:10-12 (TLA)

Hoy el Señor Dios Todopoderoso te dice lo siguiente: "Yo los he cuidado desde antes que nacieran, los he llevado en brazos y seguiré haciendo lo mismo hasta que lleguen a viejos y peinen canas; los sostendré y los salvaré porque yo soy su creador." Isaías 46:3-4 (TLA)

"Yo los guiaré constantemente, les daré agua en el calor del desierto, daré fuerzas a su cuerpo, y serán como un jardín bien regado, como una corriente de agua." Isaías 58:11 (TLA)

Así que sabiendo esto, podemos decir como el salmista:

"Me das nuevas fuerzas y me guías por el mejor camino, porque así eres tú. Puedo cruzar lugares peligrosos y no tener miedo de nada, porque tú eres mi pastor y siempre estás a mi lado; me guías por el buen camino y me llenas de confianza." Salmos 23.3-4 (TLA)

Como dijo Job hace muchos años atrás: "Dios es grande y poderoso; no hay maestro que se le compare." Job 36:22 (TLA)

"¡Éste es nuestro Dios! ¡Nuestro Dios es un Dios eterno que siempre guiará nuestra vida!" Salmos 48:14 (TLA)

Día 18: Promesas de Dios para fortalecer tu fe mientras esperas en Él

El cristianismo se basa en una promesa, y la fe que profesamos consiste en la espera paciente de esa promesa. Nuestra esperanza se basa en una promesa. Las promesas se hacen con palabras, y nuestro Dios es el gran hacedor de promesas. En Su Palabra, nuestra Biblia, encontramos una colección de promesas que nos fortalecen a medida que esperamos por Su promesa más grande: Él vendrá nuevamente a la tierra y nos llevará para estar con Él para siempre.

Así que "Pon tu esperanza en el Señor; ten valor, cobra ánimo; ¡pon tu esperanza en el Señor!" Salmos 27:14 (NVI)

"Esperamos confiados en el Señor; él es nuestro socorro y nuestro escudo." Salmos 33:20 (NVI)

"Pero los que confían en el Señor renovarán sus fuerzas; volarán como las águilas: correrán y no se fatigarán, caminarán y no se cansarán." Isaías 40:31 (NVI)

Si esperas en el Señor, podrás decir como el salmista: "Sólo en Dios halla descanso mi alma; de él viene mi esperanza." Salmos 62:5 (NVI)

"Al principio, cuando confiamos en Cristo, nos hicimos compañeros suyos; y si no dejamos de confiar en él, seguiremos siendo sus compañeros siempre." Hebreos 3:14 (TLA)

¿Te parece que Dios no te escucha? ¿Parece como que Dios retrasa su respuesta a tu oración?

Recuerda que "la visión se realizará en el tiempo señalado; marcha hacia su cumplimiento, y no dejará de cumplirse. Aunque parezca tardar, espérala; porque sin falta vendrá." Habacuc 2:3 (NVI)

O como dice la Traducción Lenguaje Actual: "Tardará un poco en cumplirse, pero tú no te desesperes; aún no ha llegado la hora de que todo esto se cumpla, pero puedo asegurarte que se cumplirá sin falta."

Así que, "mantengamos firme la esperanza que profesamos, porque fiel es el que hizo la promesa." Hebreos 10:23 (NVI)

El salmista sabía que en ocasiones puede parecer que Dios se retrasa, pero al final siempre muestra Su fidelidad: "Los ojos de todos se posan en ti, y a su tiempo les das su alimento. Abres la mano y sacias con tus favores a todo ser viviente." Salmos 145:15-16 (NVI)

Que hoy puedas decir como el salmista: "Espero al Señor, lo espero con toda el alma; en su palabra he puesto mi esperanza." Salmos 130:5 (NVI)

En aquel día se dirá: «¡Sí, éste es nuestro Dios; en él confiamos, y él nos salvó! ¡Éste es el Señor, en él hemos confiado; regocijémonos y alegrémonos en su salvación!» Isaías 25:9 (NVI)

Día 19: La paz que Dios te da

Hoy quiero demostrarte bíblicamente que Dios desea tu bienestar y felicidad.

"Porque yo sé muy bien los planes que tengo para ustedes —afirma el Señor—, planes de bienestar y no de calamidad, a fin de darles un futuro y una esperanza." Jeremías 29:11

El mundo nos ofrece una paz basada en las cosas que tenemos, en los logros alcanzados, en la estabilidad económica y en las personas que nos rodean, pero el problema de esto es que cuando perdemos lo que tenemos, o no alcanzamos ciertas metas, cuando nuestra economía se viene a pique y cuando las amistades nos abandonan, esa paz que nos ofrece el mundo se esfuma.

"Pero el Consolador, el Espíritu Santo, a quien el Padre enviará en mi nombre, les enseñará todas las cosas y les hará recordar todo lo que les he dicho. La paz les dejo; mi paz les doy. Yo no se la doy a ustedes como la da el mundo. No se angustien ni se acobarden." Juan 14:26-27 (NVI)

La paz que Nuestro Dios nos ofrece va más allá de las circunstancias presentes, del dinero, de las personas que nos rodean o de lo que podemos tener. Por eso Dios nos dice: "Estas cosas os he hablado para que en mí tengáis paz. En el mundo tendréis aflicción; pero confiad, yo he vencido al mundo." Juan 16:33

Así que, en base a lo que acabas de leer: ¿qué debes hacer para tener paz? Confiar en Dios.

Mira lo que dice Salmos 37.3-6 y 23-25:

"Confía en el Señor y haz el bien; establécete en la tierra y mantente fiel. Deléitate en el Señor, y él te concederá los deseos de tu corazón.

Encomienda al Señor tu camino; Confía en él, y él actuará. Hará que tu justicia resplandezca como el alba; tu justa causa, como el sol de mediodía. El Señor afirma los pasos del hombre cuando le agrada su modo de vivir; podrá tropezar, pero no caerá, porque el Señor lo sostiene de la mano."

Este día te animo a que confíes en Dios, y recuerda que ¡estás en Sus manos! No hay nada que escape de Su poder.

Día 20: El gozo del Señor es tu fortaleza

¿Te sientes triste el día de hoy? ¿Hay algo que te ha robado el gozo? ¿Hace mucho que ni siquiera sonríes?

Pues déjame recordarte que: "Cuando Dios se enoja, el enojo pronto se le pasa; pero cuando ama, su amor dura toda la vida. Tal vez lloremos por la noche, pero en la mañana estaremos felices." Salmos 30.5 (TLA)

Recuerda que el Señor ha hecho grandes cosas por ti, y te dio de Su alegría y de Su gozo. Él hará que cambie de nuevo tu suerte, así como cambia el desierto con las lluvias.

"Los que siembran con lágrimas, cosecharán con gritos de alegría. Aunque lloren mientras llevan el saco de semilla, volverán cantando de alegría, con manojos de trigo entre los brazos." Salmos 126: 3-6 (Dios Habla Hoy)

Él es el Dios de tu gozo y tu salvación, y así lo expresaba el rey David: "Tú has puesto en mi corazón más alegría que en quienes tienen trigo y vino en abundancia. Yo me acuesto tranquilo y me duermo en seguida, pues tú, Señor, me haces vivir confiado." Salmos 4:7-8 (DHH)

Y también le daba gracias diciendo: "¡Digamos con orgullo que no hay otro Dios aparte del nuestro! ¡Alegrémonos de corazón todos los que adoramos a Dios! Acerquémonos a nuestro poderoso Dios, y procuremos agradarle siempre." 1 Crónicas 16.10-11 (TLA)

En otro salmo leemos que se dice del rey de Israel: "Por cuanto el rey confía en Jehová, y en la misericordia del Altísimo, no será conmovido… lo has bendecido para siempre; lo llenaste de alegría con tu presencia." Salmos 21.6-7 (RVR60)

En este día Dios quiere nuevamente llenarte de Su gozo y Su alegría. Jesús mismo dijo: "Dios también me envió para consolar a los tristes, para cambiar su derrota en victoria, y su tristeza en un canto de alabanza." Isaías 61.3 (TLA)

Por eso leemos: "Mas los justos se alegrarán; se gozarán delante de Dios, Y saltarán de alegría." Salmos 68.3 (RVR60)

La tristeza y la alegría se reflejan en la cara. Por eso el mejor centro de estética es el corazón alegre, pues embellece y realza tu aspecto: "El corazón alegre hermosea el rostro; Mas por el dolor del corazón el espíritu se abate." Proverbios 15.13 (RVR60)

Hoy me gustaría recordarte lo siguiente:

"El Señor tu Dios está en medio de ti; ¡él es poderoso, y te salvará! El Señor estará contento de ti. Con su amor te dará nueva vida; en su alegría cantará como en día de fiesta." Sofonías 3.17 (DHH)

"Dios hará que vuelvas a reír y a lanzar gritos de alegría." Job 8.21 (TLA)

En este día Dios te habla directamente con Su palabra y te dice: "Llénense de gozo y alegría para siempre por lo que voy a crear, porque voy a crear una Jerusalén feliz y un pueblo contento que viva en ella." Isaías 65.18 (DHH)

Entonces podemos decir como el salmista: "Has cambiado en danzas mis lamentos; me has quitado el luto y me has vestido de fiesta. Por eso, Señor y Dios, no puedo quedarme en silencio: ¡te cantaré himnos de alabanza y siempre te daré gracias!" Salmos 30.11-12 (DHH)

Levanta tu voz donde quiera que estés y declara esto: "¡Mi Dios me llena de alegría; su presencia me llena de gozo! Él me dio salvación y me trató con justicia. Así como de la tierra brotan las semillas, y en el jardín nacen las plantas, así Dios hará brotar la justicia y la alabanza entre todas las naciones." Isaías 61.10-11 (TLA)

Día 21: El amor de Dios como Padre

Cuántas veces hemos leído y escuchado la historia del hijo pródigo, aquel que desperdició su herencia viviendo como a él le parecía. Sin embargo, dice la Biblia que recapacitó, y "entonces regresó a la casa de su padre. Cuando todavía estaba lejos, su padre corrió hacia él lleno de amor, y lo recibió con abrazos y besos." Lucas 15.20 (TLA)

Hoy me gustaría recordarte que tienes un Padre que ya olvidó tu pasado y que está lleno de amor esperando por ti con un gran abrazo.

Mira cómo describía el salmista a su Padre Dios:

"Mi Dios es muy tierno y bondadoso; no se enoja fácilmente, y es muy grande su amor. No nos reprende todo el tiempo ni nos guarda rencor para siempre. No nos castigó como merecían nuestros pecados y maldades. Su amor por quienes lo honran es tan grande e inmenso como grande es el universo. Apartó de nosotros los pecados que cometimos del mismo modo que apartó los extremos de la tierra. Con quienes lo honran, Dios es tan tierno como un padre con sus hijos." Salmos 105:8-13 (TLA)

Recuerda que: "Todos los que son guiados por el Espíritu de Dios, son hijos de Dios. Pues ustedes no han recibido un espíritu de esclavitud que los lleve otra vez a tener miedo, sino el Espíritu que los hace hijos de Dios. Por este Espíritu nos dirigimos a Dios, diciendo: «¡Abba! ¡Padre!» Y este mismo Espíritu se une a nuestro espíritu para dar testimonio de que ya somos hijos de Dios. Y puesto que somos sus hijos, también tendremos parte en la herencia que Dios nos ha prometido, la cual compartiremos con Cristo, puesto que sufrimos con él para estar también con él en su gloria." Romanos 8:14-17 (Dios Habla Hoy)

Ahora tú, "que estabas lejos de Dios, ya has sido acercado a él, pues estás unido a Jesucristo por medio de su muerte en la cruz. Por eso, ante Dios tú ya no eres extranjero. Al contrario, ahora formas parte de su pueblo y tienes todos los derechos; ahora perteneces a la familia de Dios." Efesios 2.13,19 (TLA)

"Dios nos dio muestras de su amor al enviar al mundo a Jesús, su único Hijo, para que por medio de él todos nosotros tengamos vida eterna. El verdadero amor no consiste en que nosotros hayamos amado a Dios, sino en que él nos amó y envió a su Hijo, para que nosotros fuéramos perdonados por medio de su sacrificio." 1 Juan 4.9-10 (TLA)

Día 22: Volviendo a lo esencial

En este día quiero hablarte de un tema esencial: la familia.

Día tras día escucho casos de matrimonios deshechos por múltiples motivos, casos de hijos con padres o madres ausentes, que sea que estén en casa o no, no les dedican tiempo a sus hijos. Esto es verdaderamente triste. Quisiera decir que entre los cristianos esto no sucede, pero no sería verdad.

Hoy quiero decirte: ¡Tu familia está en el corazón de Dios!

Lee esta tremenda promesa de Dios para ti y tu familia: "Ustedes son los hijos de esos profetas y están incluidos en el pacto que Dios les prometió a sus antepasados. Pues Dios le dijo a Abraham: Todas las familias de la tierra serán bendecidas por medio de tus descendientes." Hechos 3.25 (NTV)

«Yo seré un padre para ustedes, y ustedes serán mis hijos y mis hijas, dice el Señor Todopoderoso». 2 Corintios 6.18 (NVI)

¿Recuerdas la historia del Arca de Jehová en la casa de Obed-Edom? El Arca representaba la Presencia manifiesta de Dios. Y mira lo que dice la Biblia: "Y estuvo el arca de Jehová en casa de Obed-edom geteo tres meses; y bendijo Jehová a Obed-edom y a toda su casa. Fue dado aviso al rey David, diciendo: Jehová ha bendecido la casa de Obed-edom y todo lo que tiene, a causa del arca de Dios." 2 Samuel 6.11-12

¡La presencia de Dios en tu casa tiene efectos sobrenaturales! Si Su Presencia está en tu casa, la bendición de Dios vendrá sobre TODO lo que tienes. Su bendición no solo alcanza ciertos aspectos de tu hogar, sino que es una bendición íntegra, ¡Dios quiere bendecirlo todo! No solo tu ministerio y economía, sino también tu familia, tu relación con tu esposa, tus hijos, padres, etc.

Muchas veces nos distraemos participando en actividades para el ministerio, trabajando para ganar dinero o incluso nos distraemos en entretenimientos y vicios, pero hoy es tiempo de volver a lo esencial: Adoremos a Dios en familia. Hagamos que Dios habite en nuestro hogar.

Una de las formas de hacerlo es dedicando nuestro hogar y a las personas que lo integran al Señor. El salmista así lo decía: "Quiero conducirme en mi propia casa con integridad de corazón. No me pondré como meta nada en que haya perversidad. Las acciones de gente desleal las aborrezco; no tendrán nada que ver conmigo. Alejaré de mí toda intención perversa; no tendrá cabida en mí la maldad." Salmos 101.2-4 (NVI)

Es tiempo de buscar a Dios en familia. Él te dice a ti y a todos los integrantes de tu hogar en este día: "Yo sé los planes que tengo para ustedes, planes para su bienestar y no para su mal, a fin de darles un futuro lleno de esperanza. Yo, el Señor, lo afirmo. Entonces ustedes me invocarán, y vendrán a mí en oración y yo los escucharé. Me buscarán y me encontrarán, porque me buscarán de todo corazón." Jeremías 29.11-13 (DHH)

Día 23: Qué hacer cuando te sientes desanimado

¿Te encuentras sin ánimo y ya te ganó la preocupación? O tal vez hoy te sientes triste o soportando algún sufrimiento... sea como fuere, Dios quiere hablarte hoy mismo, recordándote que:

"Por su gran misericordia, nos ha hecho nacer de nuevo mediante la resurrección de Jesucristo, para que tengamos una esperanza viva y para que recibamos una herencia indestructible, incontaminada e inmarchitable. Tal herencia está reservada en el cielo para ti, a quien el poder de Dios protege mediante la fe hasta que llegue la salvación que se ha de revelar en los últimos tiempos." 1 Pedro 1:3-5 (NVI)

"Por eso, alégrate, aunque sea necesario que por algún tiempo tengas muchos problemas y dificultades. Porque la confianza que tú tienes en Dios es como el oro: así como la calidad del oro se prueba con fuego, la confianza que tienes en Dios se prueba por medio de los problemas. Si pasas la prueba, tu confianza será más valiosa que el oro, pues el oro se puede destruir. Así, cuando Jesucristo aparezca, hablará bien de la confianza que tienes en Dios, porque una confianza que se ha probado tanto merece ser muy alabada.

Tú, aunque nunca has visto a Jesucristo, lo amas y crees en él, y tienes una alegría tan grande y hermosa que no puede describirse con palabras." 1 Pedro 1:6-9 (TLA)

Así que arriba ese ánimo el día de hoy: "¡Vive con alegría tu vida cristiana! Lo he dicho y lo repito: ¡Vive con alegría tu vida cristiana! Que todo el mundo se dé cuenta de que eres una persona buena y amable. El Señor viene pronto. No te preocupes por nada. Más bien, ora y pídele a Dios todo lo que necesitas, y se agradecido. Así Dios te dará su paz, esa paz que la gente de este mundo no alcanza a comprender, pero que protege el corazón y el entendimiento de los que ya son de Cristo." Filipenses 4:6-7 (TLA)

Recuerda lo que dijo Jesús: "No se preocupen. Confíen en Dios y confíen también en mí...Les doy la paz. Pero no una paz como la que se desea en el mundo; lo que les doy es mi propia paz. No se preocupen ni tengan miedo por lo que va a pasar pronto..." Juan 14:1 y 27 (TLA)

"Por eso, aunque pasamos por muchas dificultades, no nos desanimamos. Tenemos preocupaciones, pero no perdemos la calma. La gente nos persigue, pero Dios no nos abandona. Nos hacen caer, pero no nos destruyen." 2 Corintios 4:8-9 (TLA)

"Así que, no dejes de confiar en Dios, porque sólo así recibirás un gran premio. Se fuerte, y por ningún motivo dejes de confiar cuando estés sufriendo, para que así puedas hacer lo que Dios quiere y recibas lo que él te ha prometido." Hebreos 10:35-36 (TLA)

Que hoy puedas decir como el salmista (Es más, anota este versículo y llévalo en tu bolso, cartera o en cualquier lugar que esté cerca de ti y léelo constantemente): "Cuando me encuentro en problemas, tú me das nuevas fuerzas. Muestras tu gran poder y me salvas de mis enemigos." Salmos 138:7 (TLA)

"Estoy convencido de esto: el que comenzó tan buena obra en ti la irá perfeccionando hasta el día de Cristo Jesús." Filipenses 1:6 (NVI)

Entonces "no nos cansemos de hacer el bien, porque a su debido tiempo cosecharemos si no nos damos por vencidos." Gálatas 6:9 (NVI)

"Todos ustedes, los que confían en Dios, ¡anímense y sean valientes!" Salmos 31:24 (TLA)

Día 24: Nuestra devoción a Dios

(Por Danilo Montero)

¿Recuerdas la historia de Pedro cuando niega a Jesús tres veces? Seguramente sí, pero si no la recuerdas puedes leerla completa en San Juan capítulo 21.

Debemos entender que hay cosas que pueden pasar en nuestra relación con Jesús que, como una enfermedad invisible, puede carcomer la fe sin que nos demos cuenta, como le pasó a Pedro, hasta que la tentación delata la enfermedad que tiene nuestro corazón. ¿Qué fue lo que Pedro perdió? La devoción a Dios.

"Devoción es la actitud del corazón con la que el hombre está dispuesto y es pronto para honrar a Dios y hacer su voluntad". Es una "conexión de corazón a corazón, de ojo a ojo con Jesús que nos revela que él es nuestro Dios y que nosotros le pertenecemos con todo nuestro ser a él."

Recuerda que para ese tiempo Jesús había sido crucificado y sepultado. Pedro y los demás discípulos deciden ir a pescar:

"Pero esa noche no pudieron pescar nada. En la madrugada, Jesús estaba de pie a la orilla del lago, pero los discípulos no sabían que era él. Jesús les preguntó:
—Amigos, ¿pescaron algo?
—No —respondieron ellos.
Jesús les dijo:
—Echen la red por el lado derecho de la barca, y pescarán algo.
Los discípulos obedecieron, y después no podían sacar la red del agua, pues eran muchos los pescados.
Entonces el discípulo favorito de Jesús le dijo a Pedro: «¡Es el Señor Jesús!»

Cuando Simón Pedro oyó que se trataba del Señor, se puso la ropa que se había quitado para trabajar, y se tiró al agua. Los otros discípulos llegaron a la orilla en la barca, arrastrando la red llena de pescados, pues estaban como a cien metros de la playa." Juan 21.3-9 (TLA)

Al llegar a la orilla vieron brasas puestas, un pez encima de ellas y pan. Jesús mismo está cocinando para Pedro, y está cocinando para ti en este día.

Mira lo que dice 1 Juan 4:19 "Nosotros lo amamos a él, porque él nos amó primero." ¡Dios ya dio el primer paso hacia nosotros!

Cuando uno pierde la devoción, la única manera de recuperarla NO ES haciendo cosas para Jesús, sino ESTANDO con Jesús. El único lugar donde Pedro podía recuperar ese fervor por Su presencia era estar sentado con su Maestro, como lo hacía cuando todo comenzó.

La segunda cosa que aviva la devoción en nuestro corazón es la CONFRONTACION. Jesús le pregunta: "Pedro, ¿me amas?" Y Pedro contesta: "Sí Señor, te quiero". Segunda pregunta: "Pedro, ¿me amas?", "Sí Señor, te quiero". Tercera pregunta: "Pedro, ¿entonces me quieres?" Y Pedro, entristecido, le contesta: "Señor, tú lo sabes todo".

Pedro creía que amaba a Jesús, pero para recobrar la devoción es necesaria la confrontación de Jesús, la cual nos enseña que realmente no estamos donde creíamos estar. Necesitamos una obra de arrepentimiento que nos despierte a decir: "Yo te quiero, pero quiero amarte, no te quiero querer solo como a un buen amigo", esa era la respuesta de Pedro.

"Jesús les dijo: «Vengan a desayunar»." Juan 21.12

Hoy Jesús te dice: "Ven a comer."

Pídele a Dios que te examine, que saque todo lo que tus ojos no ven y que te guíe en el camino eterno, porque sólo él puede hacerlo.

Pon tu corazón delante de él y reconoce tu incapacidad de serle fiel por tus propios medios.

Día 25: Invitación a confiar en Dios y esperar en Él

Mira cómo se sentía el escritor del libro de Lamentaciones: "Estoy completamente derrotado, porque Dios me hizo caer. Ya no tengo tranquilidad; la felicidad es sólo un recuerdo. Me parece que de Dios ya no puedo esperar nada. Los más tristes recuerdos me llenan de amargura. Siempre los tengo presentes, y eso me quita el ánimo.

Pero también me acuerdo de algo que me da esperanza: Sé que no hemos sido destruidos porque Dios nos tiene compasión. Sé que cada mañana se renuevan su gran amor y su fidelidad. Por eso digo que en él confío; ¡Dios es todo para mí!

Invito a todos a confiar en Dios porque él es bondadoso. Es bueno esperar con paciencia que Dios venga a salvarnos, y aprender desde nuestra juventud que debemos soportar el sufrimiento.

Es conveniente callar cuando Dios así lo ordena. Y olvidar la venganza cuando alguien nos golpea. Debemos esperar con paciencia que Dios venga a ayudarnos. Realmente Dios nos ha rechazado, pero no lo hará para siempre. Nos hace sufrir y nos aflige, pero no porque le guste hacerlo. Nos hiere, pero nos tiene compasión, porque su amor es muy grande." Lamentaciones 3.16-33 (TLA)

No sé cuál sea tu situación el día de hoy, pero aunque te sientas como que Dios ya te ha abandonado, tienes que recordar que Él tiene compasión y cada mañana renueva su misericordia y amor para con Su pueblo escogido.

Nada podrá jamás separarte de Su inmenso amor. Acepta la

invitación del escritor de Lamentaciones y confía en Dios, porque Él es bondadoso, y espera con paciencia Su ayuda, porque "Dios es muy compasivo, y su amor por nosotros es inmenso. Por eso, aunque estábamos muertos por culpa de nuestros pecados, él nos dio vida al resucitar a Cristo. Nos hemos salvado gracias al amor de Dios. Dios, al resucitar a Jesucristo, nos resucitó y nos dio un lugar en el cielo, junto a él. Hizo esto para mostrar, en el futuro, la bondad y el gran amor con que nos amó por medio de Jesucristo." Efesios 2: 4-7 (TLA)

Día 26: Promesa de Dios y esperanza nuestra

Una vez escuché que nuestra vida en la tierra no alcanza a ser ni el uno por ciento de todo lo que será, y esto es ¡porque somos eternos! Entonces ¿por qué angustiarnos por los problemas que tenemos en esta tierra?

Así que "no dejen que el corazón se les llene de angustia; confíen en Dios y confíen también en mí, dice Jesús. En el hogar de mi Padre, hay lugar más que suficiente. Si no fuera así, ¿acaso les habría dicho que voy a prepararles un lugar? Cuando todo esté listo, volveré para llevarlos, para que siempre estén conmigo donde yo estoy." Juan 14:1-3 (NTV)

"Y tenemos una herencia que no tiene precio, una herencia que está reservada en el cielo para ustedes, pura y sin mancha, que no puede cambiar ni deteriorarse." 1 Pedro 1.4 (NTV)

"Ten paciencia mientras esperas el regreso del Señor. Piensa en los agricultores, que con paciencia esperan las lluvias en el otoño y la primavera. Con ansias esperan a que maduren los preciosos cultivos. Tú también debes ser paciente. Anímate, porque la venida del Señor está cerca." Santiago 5.7-8 (NTV)

"Pues, dentro de muy poco tiempo, aquél que viene vendrá sin demorarse." Hebreos 10.37 (NTV)

"Jesús fue tomado de entre ustedes y llevado al cielo, ¡pero un día volverá del cielo de la misma manera en que lo vieron irse!" Hechos 1.11 (NTV)

"Y seremos arrebatados en las nubes para encontrarnos con el Señor en el aire. Entonces estaremos con el Señor para siempre.

Así que anímense unos a otros con estas palabras." 1 Tesalonicenses 4.17-18 (NTV)

"Jesús sufrió y murió fuera de las puertas de la ciudad para hacer santo a su pueblo mediante su propia sangre. Entonces salgamos al encuentro de Jesús, fuera del campamento, y llevemos la deshonra que él llevó. Pues este mundo no es nuestro hogar permanente; esperamos el hogar futuro.

Por lo tanto, por medio de Jesús, ofrezcamos un sacrificio continuo de alabanza a Dios, mediante el cual proclamamos nuestra lealtad a su nombre. Y no se olviden de hacer el bien ni de compartir lo que tienen con quienes pasan necesidad. Estos son los sacrificios que le agradan a Dios." Hebreos 13.12-16 (NTV)

Día 27: Justo lo que necesitas

El día de hoy quiero animarte a atender las necesidades de alguien más, lo cual no solo será beneficioso para aquella persona a la que sirvas sino también para ti, ya que está comprobado que cuanto más nos centramos en nuestros propios problemas estos se hacen más grandes y peor nos sentimos.

La clave es entregar a Dios nuestras preocupaciones y enfocarnos en aliviar la carga de aquellos que nos rodean.

"Echa sobre Jehová tu carga, y él te sustentará;
No dejará para siempre caído al justo." Salmos 55:22 (RVR60)

Jesús dijo: "Venid a mí todos los que estáis trabajados y cargados, y yo os haré descansar. Llevad mi yugo sobre vosotros, y aprended de mí, que soy manso y humilde de corazón; y hallaréis descanso para vuestras almas; porque mi yugo es fácil, y ligera mi carga." Mateo 11.28-30 (RVR60)

Para poder aliviar la carga de alguien más debemos tener muy en cuenta lo que Jesús nos dijo: "Aprended de mí, que soy manso y humilde de corazón."

Marcos 10.43-45 nos enseña: "El que quiera hacerse grande entre ustedes deberá ser su servidor, y el que quiera ser el primero deberá ser esclavo de todos. Porque ni aun el Hijo del hombre vino para que le sirvan, sino para servir y para dar su vida en rescate por muchos." (NVI)

Dios le preguntó a Moisés "¿Qué tienes en tu mano?" (Éxodo 4.2). Hoy Dios te hace la misma pregunta, para que te des cuenta de que lo que a ti te parece muy poco, Él puede transformarlo en una herramienta que haga la diferencia en la vida de otras personas.

Dios transforma las cosas que para nosotros son comunes en algo extraordinario, con consecuencias eternas.

"Y aunque la gente de este mundo piensa que ustedes son tontos y no tienen importancia, Dios los eligió, para que los que se creen sabios entiendan que no saben nada. Dios eligió a los que, desde el punto de vista humano, son débiles, despreciables y de poca importancia, para que los que se creen muy importantes se den cuenta de que en realidad no lo son." 1 Corintios 1.27-29 (TLA)

Poco importan tus experiencias de vida, pues Dios te ha regalado dones y talentos que están dentro de ti. Todas esas capacidades Él las ha puesto allí para que sean expresadas, no para guardarlas en un cajón.

Es tiempo de que te levantes y marques esta generación con los talentos y dones que Él mismo te otorgó. Aún quedan historias que escribir, proyectos para realizar e ideas que desarrollar. A diferencia de las personas que emprenden por la necesidad del momento, nosotros los hijos de Dios las hacemos con una finalidad: para que Él sea glorificado.

"Y me dijo Jehová: No digas: Soy un niño; porque a todo lo que te envíe irás tú, y dirás todo lo que te mande. No temas delante de ellos, porque contigo estoy para librarte, dice Jehová.

Y extendió Jehová su mano y tocó mi boca, y me dijo Jehová: He aquí he puesto mis palabras en tu boca." Jeremías 1.7-9 (RVR60)

Toma hoy la decisión de ser un siervo, así como lo fue Jesús.

Existe una gran necesidad en el mundo hoy. A lo mejor estás pensando que no tienes lo que se necesita para ayudar a otras personas. Y quizás tengas razón, pero no hay que ir muy lejos para encontrar necesidad. Solo hay que abrir nuestros ojos y mirar atentamente para descubrir lo que la rutina hizo que dejáramos de ver.

Encuentra una necesidad y súplela con el amor de Dios desarrollando Sus dones dentro de ti.

Día 28: Dios te sostiene con su diestra de poder

Hay momentos en que pensamos abandonarlo todo, rendirnos y tirar la toalla, como dicen. ¿Te has sentido así? Hoy día el Señor tu Dios te dice:

"Así que levántate y esfuérzate por mejorar las cosas que aún haces bien pero que estás a punto de no seguir haciendo, pues he visto que no obedeces a mi Dios. Estoy enterado de todo lo que haces, y sé que no me obedeces del todo, sino sólo un poco. ¡Sería mejor que me obedecieras completamente, o que de plano no me obedecieras!" Apocalipsis 3:2,15-16 (TLA)

Muchas veces, y por diversas circunstancias, nos olvidamos de Dios. Esto le pasó muchas veces al pueblo de Israel, por eso les decía el Señor:

"Pero ten cuidado de no olvidar al Señor tu Dios. No dejes de cumplir sus mandamientos, normas y preceptos que yo te mando hoy. Y cuando hayas comido y te hayas saciado, cuando hayas edificado casas cómodas y las habites, cuando se hayan multiplicado tus ganados y tus rebaños, y hayan aumentado tu plata y tu oro y sean abundantes tus riquezas, no te vuelvas orgulloso ni olvides al Señor tu Dios, quien te sacó de Egipto, la tierra donde viviste como esclavo." Deuteronomio 8:11-14 (NVI)

Es fácil olvidarnos de nuestro Salvador cuando todo nos va bien. Es también más fácil abandonarlo todo cuando sentimos desfallecer, por eso decía el escritor de Hebreos:

"¡Cuidado, hermanos! No piensen en lo malo ni dejen de confiar, para que no se aparten del Dios que vive para siempre. Al contrario, mientras aún queda tiempo, cada uno debe animar al otro a seguir confiando. Así nadie pensará que al pecar hace el bien, ni dejará de obedecer a Dios." Hebreos 3:12-13 (TLA)

Hoy te animo a que sigas adelante caminando de la mano de Dios.

"No te preocupes por nada. Más bien, ora y pídele a Dios todo lo que necesitas, y se agradecido." Filipenses 4:6 (TLA)

"Los que confían en el Señor renovarán sus fuerzas; volarán como las águilas: correrán y no se fatigarán, caminarán y no se cansarán." Isaías 40:31 (NVI)

"¡No hay otro Dios como tu Dios! Dios es el rey del cielo, y siempre vendrá en tu ayuda. Dios es el Dios eterno, y siempre te protegerá; pondrá en fuga a tus enemigos, para que los destruyas.

Ya puedes vivir confiado, y gozar de tranquilidad. Nunca te faltará pan ni vino, pues Dios regará tus campos. ¡Dichoso tú, pues Dios te ha rescatado! Dios te protege y te ayuda. ¡No podrías tener mejor defensa!¡Tú humillarás a tus enemigos, los pondrás bajo tus pies!" Deuteronomio 33.27-29 (TLA)

Día 29: Las decisiones diarias y la voluntad de Dios para nuestra vida

Si hay una cosa difícil de hacer en esta vida es decidir. Toda nuestra vida está llena de decisiones, y cuando por fin nos toca decidir finalmente buscamos una solución que nos dé seguridad.

Como seres humanos queremos tener todo planificado y en orden. Pero déjame decirte algo muy importante: Dios no nos ha prometido seguridad en esta tierra, sino todo lo contrario: Es un riesgo seguir a Jesús, porque amar implica arriesgarse.

Dios no promete darnos todos los detalles para nuestro futuro, ya que "hay cosas que Dios mantiene en secreto, y que sólo él conoce, pero a nosotros nos ha dado todos estos mandamientos, para que nosotros y nuestros descendientes los obedezcamos siempre." Deuteronomio 29.29 (TLA)

Una de las preguntas que escucho más frecuentemente en la iglesia es: "¿Cuál será el proyecto de Dios para mi vida?" Es como si quisiéramos que Dios venga y nos diga "Mi propósito para ti es…". Esto sucede porque estamos buscando seguridad. Pero esa búsqueda lo único que hace es llevarte a la confusión sobre la voluntad de Dios y tu llamado.

Lo que tienes que hacer no es esperar una revelación, sino obedecer lo que ya sabes.

¿De verdad quieres saber cuál es el propósito de Dios para tu vida? Pues ve a Su palabra, allí lo descubrirás:

"Ustedes ya conocen las instrucciones que les dimos con la autoridad que recibimos del Señor Jesús. Dios quiere que ustedes vivan consagrados a él, que no tengan relaciones sexuales prohibidas, y que cada uno de ustedes sepa controlar su propio cuerpo, como algo sagrado y digno de respeto. Deben dominar sus malos deseos sexuales, y no portarse como los que no creen en Dios.

No deben engañar a los demás miembros de la iglesia, ni aprovecharse de ellos. Ya les hemos advertido que el Señor castigará duramente a los que se comporten así. Porque Dios no nos ha llamado a seguir pecando, sino a vivir una vida santa. Por eso, el que rechaza esta enseñanza no nos está rechazando a nosotros, sino a Dios mismo, que les ha dado a ustedes su Espíritu Santo." 1 Tesalonicenses 4.3-8 (TLA)

No importa dónde vives, sino cómo vives. No importa qué estudias, sino si estás siendo cristiano con lo que estudias. Tú y yo tenemos el llamado de seguir a Cristo desde donde nos encontremos. Ése es nuestro llamado.

Yo no sé qué va a pasar en el futuro, solo tengo que confiar y seguir adelante. Me anima mucho saber que tengo la Palabra de Dios que me enseña Su voluntad para mi vida:

"Dad gracias en todo, porque esta es la voluntad de Dios para con vosotros en Cristo Jesús." 1 Tesalonicenses 5:18 (RVR60)

"Porque esta es la voluntad de Dios: que haciendo bien, hagáis callar la ignorancia de los hombres insensatos." 1 Pedro 2:15 (RVR60)

"Porque mejor es que padezcáis haciendo el bien, si la voluntad de Dios así lo quiere, que haciendo el mal." 1 Pedro 3:17 (RVR60)

Jesús dijo: "Porque todo aquel que hace la voluntad de Dios, ése es mi hermano, y mi hermana, y mi madre." Marcos 3:35 (RVR60)

Que en este día podamos orar como el salmista: "Enséñame a hacer tu voluntad, porque tú eres mi Dios; Tu buen espíritu me guíe a tierra de rectitud. El hacer tu voluntad, Dios mío, me ha agradado, y tu ley está en medio de mi corazón." Salmos 143:10, 40:8 (RVR60)

"Y el mundo pasa, y sus deseos; pero el que hace la voluntad de Dios permanece para siempre." 1 Juan 2:17 (RVR60)

Día 30: Unidos por el dolor

Hoy Dios quiere decirte que no estás solo.

"Alabado sea el Dios y Padre de nuestro Señor Jesucristo, Padre misericordioso y Dios de toda consolación, quien nos consuela en todas nuestras tribulaciones para que con el mismo consuelo que de Dios hemos recibido, también nosotros podamos consolar a todos los que sufren.

Pues así como participamos abundantemente en los sufrimientos de Cristo, así también por medio de él tenemos abundante consuelo. Si sufrimos, es para que ustedes tengan consuelo y salvación; y si somos consolados, es para que ustedes tengan el consuelo que los ayude a soportar con paciencia los mismos sufrimientos que nosotros padecemos." 2 Corintios 1:3-6 (NVI)

La palabra misericordia viene del latín misericordia, formado de *miser* (miserable, desdichado), y *cordia, cadio* (Corazón). Esta palabra se refiera a la capacidad de sentir la desdicha de los demás.

Esto quiere decir que Dios tiene la capacidad de sentir tu dolor, y eso lo mueve a consolarte. Quizás pienses que Él no puede entenderte porque no pasó por tus mismos problemas, pero lee lo que dice Isaías 53:

"Creció en su presencia como vástago tierno, como raíz de tierra seca.

No había en él belleza ni majestad alguna; su aspecto no era atractivo y nada en su apariencia lo hacía deseable.

Despreciado y rechazado por los hombres, varón de dolores, hecho para el sufrimiento.

Todos evitaban mirarlo; fue despreciado, y no lo estimamos.

Ciertamente él cargó con nuestras enfermedades y soportó nuestros dolores, pero nosotros lo consideramos herido, golpeado por Dios, y humillado.

Él fue traspasado por nuestras rebeliones, y molido por nuestras iniquidades; sobre él recayó el castigo, precio de nuestra paz, y gracias a sus heridas fuimos sanados.

Todos andábamos perdidos, como ovejas; cada uno seguía su propio camino, pero el SEÑOR hizo recaer sobre él la iniquidad de todos nosotros.

Maltratado y humillado, ni siquiera abrió su boca; como cordero, fue llevado al matadero; como oveja, enmudeció ante su trasquilador; y ni siquiera abrió su boca.

Después de aprehenderlo y juzgarlo, le dieron muerte; nadie se preocupó de su descendencia.

Fue arrancado de la tierra de los vivientes, y golpeado por la transgresión de mi pueblo. Se le asignó un sepulcro con los malvados, y murió entre los malhechores, aunque nunca cometió violencia alguna, ni hubo engaño en su boca." Isaías 53.2-9 (NVI)

La cruz es lo que Dios tiene para decirnos: "Yo sé cómo te sientes"

"No se inquieten por nada; más bien, en toda ocasión, con oración y ruego, presenten sus peticiones a Dios y denle gracias. Y la paz de Dios, que sobrepasa todo entendimiento, cuidará sus corazones y sus pensamientos en Cristo Jesús". Filipenses 4:6-7 (NVI)

Estimado Lector

Nos interesan mucho tus comentarios y opiniones sobre esta obra.

Por favor ayúdanos comentando sobre este libro. Puedes hacerlo dejando una reseña en la tienda donde lo has adquirido.

Puedes también escribirnos por correo electrónico a la dirección: info@editorialimagen.com

Si deseas más libros como éste puedes visitar el sitio de **Editorialimagen.com** para ver los nuevos títulos disponibles y aprovechar los descuentos y precios especiales que publicamos cada semana.

Allí mismo puedes contactarnos directamente si tienes dudas, preguntas o cualquier sugerencia.

¡Esperamos saber de ti!

Más Libros de Interés

Dios está en Control – Descubre cómo librarte de tus temores y disfrutar la paz de Dios

Este libro, nos enseña cómo librarnos de los temores para que podamos experimentar la paz de Dios. Descubrirás: Cómo resolver los problemas de la vida, Cómo experimentar la paz de Dios en medio de la tormenta, Cómo vencer los temores, Cómo sanar las heridas del alma, y mucho más.

Vida Cristiana Victoriosa – Fortalece tu fe para caminar más cerca de Dios

Este libro es la suma de muchas enseñanzas y devocionales cristianos. Que al leer este libro Dios pueda hablarte, y que tu vida sea fortalecida. Descubre: Cómo vivir la vida victoriosa, Cómo ser amigo de Dios y ganarse Su favor, Cómo vencer la tentación, ¿Por qué permite Dios el sufrimiento? Y mucho más.

Gracia para Vivir – Descubre cómo vivir la vida cristiana y ser parte de los planes de Dios

Se comparte sobre la gracia que proviene de Dios. La misma gracia que trae salvación también nos enseña cómo vivir. ¿Estaba preparado Jesús para todo lo que iba a sufrir? Se analizan los miedos que nos paralizan y cómo debemos reaccionar.

Consejos para vivir feliz – Sabiduría en enseñanzas breves para una vida cristiana plena y fructífera

Basado en el libro de los Proverbios, donde podemos encontrar consejos y enseñanzas. Hay mucha gente que va por esta vida todavía sin saber cuál es su propósito o se encuentran perdidos cuando tienen que tomar alguna decisión importante.

El hombre que parafraseaba – Un encuentro de consecuencias eternas

Un encuentro entre un niño azotado por la soledad y un anciano que en el amor ha obtenido las respuestas. El anciano está de paso, el niño se encuentra solo como siempre.

Juntos emprendan un viaje de ida y vuelta a lo más profundo del corazón de Dios.

Ángeles En La Tierra – Historias reales de personas que han tenido experiencias sobrenaturales con un ángel

Los ángeles son tan reales y la mayoría de las personas han tenido por lo menos una experiencia sobrenatural o inexplicable.

Promesas de Dios para Cada Día – Promesas de la Biblia para guiarte en tu necesidad.

La Biblia está llena de las promesas y bendiciones de nuestro Padre. Te ayudará conocerlos y te fortalecerán en tu fe. Las promesas están compilados según el tema. Y si te encuentras en una situación apremiante, permite que Sus promesas te alienten para seguir creyendo en fe que nada es imposible para nuestro Dios fiel.

Perlas de Sabiduría – Un devocional de 60 días descubriendo verdades en la Palabra de Dios

En este libro devocional para mujeres descubrirás verdades y principios espirituales 'escondidos', así como las perlas, los cuales están esperando ser encontradas por aquellos que realmente quieren saber más.

Sanidad para el Alma Herida – Cómo sanar las heridas del corazón y confrontar los traumas para obtener verdadera libertad espiritual

Este es un libro teórico y práctico sobre sanidad interior. Nuestra enseñanza motiva la búsqueda de la sanidad para las mentes y espíritus de las almas sufridas y por qué no, atormentadas. De esto trata la "sanidad interior" o sanidad para el "alma herida"

www.ingramcontent.com/pod-product-compliance
Lightning Source LLC
LaVergne TN
LVHW011733060526
838200LV00051B/3162